# Lectura y escritura para niños

**Lectura y escritura para niños**
© Magdalena Servín G.
Diseño de portada: Adriana Velázquez Cruz
Diseño de interiores: Magdalena Servín G.

© Derechos reservados 2013
© Editorial Época, S.A. de C.V.
Emperadores No. 185, Col. Portales
C.P. 03300-México, D.F.
www.editorialepoca.com
email: edesa2004@prodigy.net.mx
Tels: 56-04-90-46
56-04-90-72

ISBN: 978-607-8280-70-4

Las características tipográficas de esta obra no pueden reproducirse, almacenarse en un sistema de recuperación o transmitirse en forma alguna por medio de cualquier procedimiento mecánico, electrónico, fotocopia, grabación, internet o cualquier otro sin el previo consentimiento por escrito de la Editorial.

Impreso en México — *Printed in Mexico*

Colorea las vocales del abecedario de letra script.

A E I

O U

a e i

o u

Completa el renglón con las letras y colorea el dibujo.

# avión

a

A

A

a

Completa el renglón con las letras y colorea el dibujo.

# elefante

e

E

| E | | | | | | | | | | | | |
|---|---|---|---|---|---|---|---|---|---|---|---|---|
| | | | | | | | | | | | | |
| e | | | | | | | | | | | | |

Completa el renglón con las letras y colorea el dibujo.

iglú

i

I

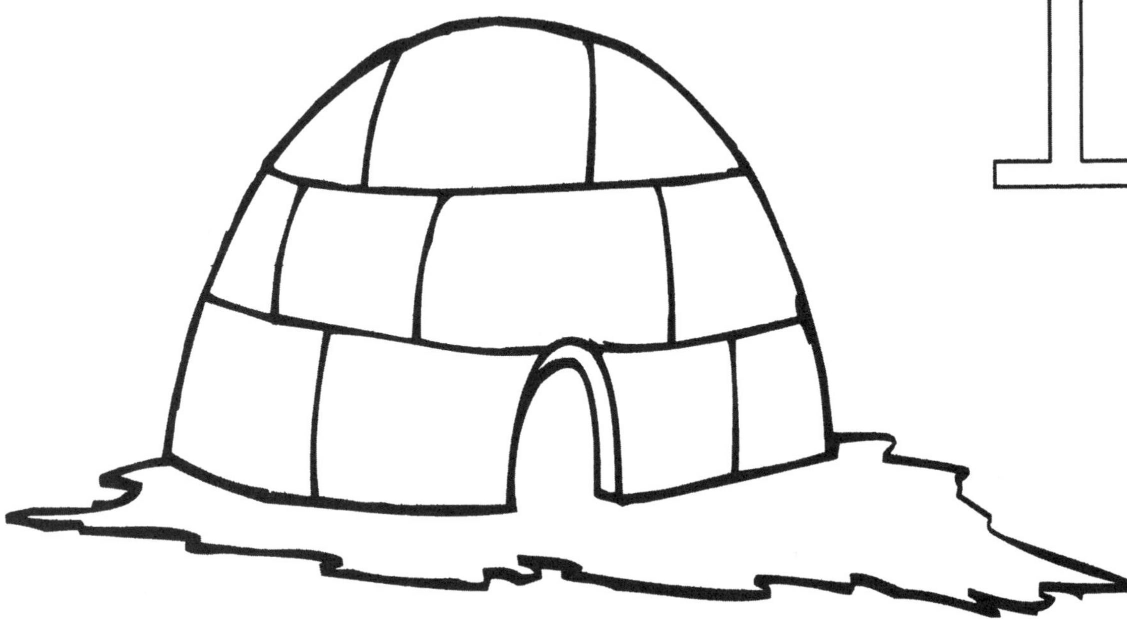

Completa el renglón con las letras y colorea el dibujo.

# OSO

O

o

Completa el renglón con las letras y colorea el dibujo.

# uvas

u

U

U

u

Colorea las vocales del abecedario de letra cursiva.

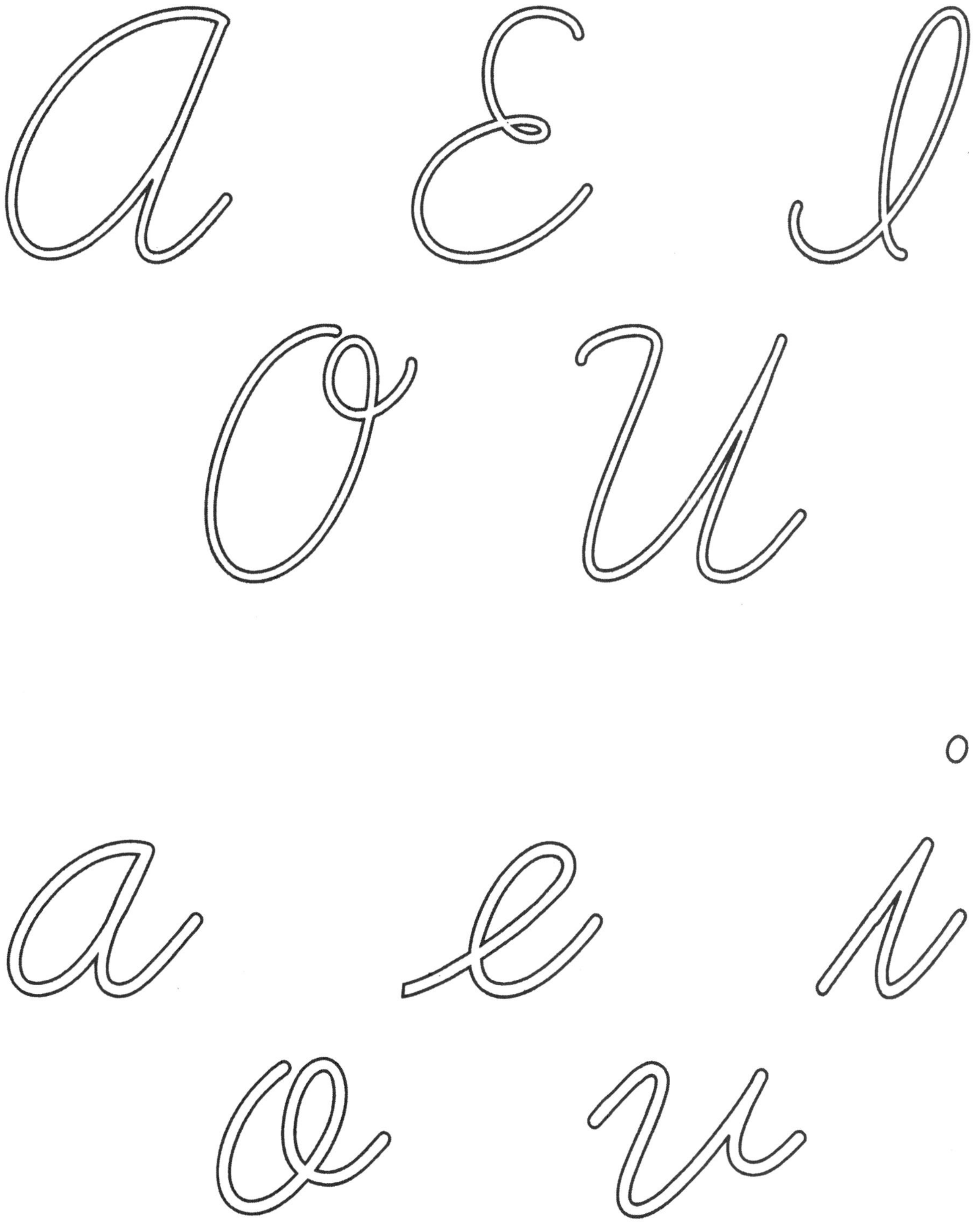

Completa el renglón con las letras y colorea el dibujo.

árbol

a

a

a

a

Completa el renglón con las letras y colorea el dibujo.

estrella

E

e

Completa el renglón con las letras y colorea el dibujo.

*imán*

*i* *l*

*l*

*i*

Completa el renglón con las letras y colorea el dibujo.

*oveja*

*O*

*o*

*O*

*o*

Completa el renglón con las letras y colorea el dibujo.

unicornio

u

U

U

u

Recuerda todas las letras del abecedario en letra script.

## Mayúsculas

A B C D E F G
H I J K L M N
Ñ O P Q R S T
U V W X Y Z

## Minúsculas

a b c d e f g
h i j k l m n
ñ o p q r s t
u v w x y z

Escribe la letra minúscula script al lado
de la mayúscula. Fíjate en el ejemplo.

A a B ___ C ___ D ___

E ___ F ___ G ___ H ___

I ___ J ___ K ___ L ___

M ___ N ___ Ñ ___ O ___

P ___ Q ___ R ___ S ___

T ___ U ___ V ___ W ___

X ___ Y ___ Z ___

Escribe la letra mayúscula script al lado
de la minúscula. Fíjate en el ejemplo.

a A b__ c__ d__

e__ f__ g__ h__

i__ j__ k__ l__

m__ n__ ñ__ o__

p__ q__ r__ s__

t__ u__ v__ w__

x__ y__ z__

Recuerda todas las letras del abecedario en letra cursiva.

*Mayúsculas*

A B C D E F G

H I J K L M N

Ñ O P Q R S T

U V W X Y Z

*Minúsculas*

a b c d e f g

h i j k l m n

ñ o p q r s t

u v w x y z

Escribe la letra minúscula cursiva al lado de la mayúscula. Fíjate en el ejemplo.

A a B ___ C ___ D ___

E ___ F ___ G ___ H ___

I ___ J ___ K ___ L ___

M ___ N ___ Ñ ___ O ___

P ___ Q ___ R ___ S ___

T ___ U ___ V ___ W ___

X ___ Y ___ Z ___

Escribe la letra mayúscula cursiva al lado de la minúscula. Fíjate en el ejemplo.

A a ___ b ___ c ___ d

___ e ___ f ___ g ___ h

___ i ___ j ___ k ___ l

___ m ___ n ___ ñ ___ o

___ p ___ q ___ r ___ s

___ t ___ u ___ v ___ w

___ x ___ y ___ z

Une con una línea las palabras con el dibujo correcto.

perro

manzana

casa

lápiz

pelota

vaso

sol

Une con una línea las palabras con el dibujo correcto.

jirafa

rana

flecha

sacapuntas

globo

automóvil

conejo

doctor

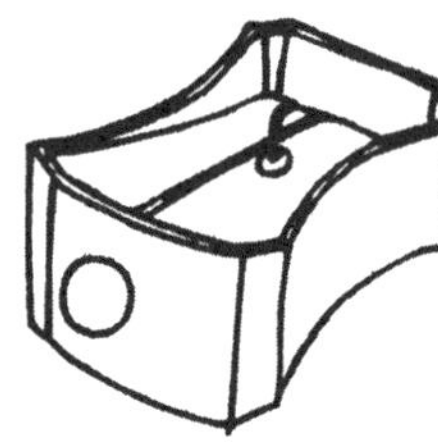

Une con una línea las palabras en script y en letra cursiva que digan lo mismo.

| | |
|---|---|
| papá | *muñeca* |
| flor | *papá* |
| vocales | *escuela* |
| muñeca | *campana* |
| campana | *mamá* |
| guayaba | *colores* |
| uniforme | *vocales* |
| mamá | *guayaba* |
| escuela | *música* |
| colores | *flor* |
| música | *uniforme* |

Colorea el círculo que tenga la sílaba con la que empieza el nombre del dibujo.

ca ce ci co cu

ma me mi mo mu

pa pe pi po pu

ra re ri ro ru

fa fe fi fo fu

Colorea el círculo que tenga la sílaba con la que empieza el nombre del dibujo.

za ze zi zo zu

ba be bi bo bu

ta te ti to tu

sa se si so su

la le li lo lu

Remarca los nombres de los números escritos con letra script y cursiva.

uno 1 *uno*

dos 2 *dos*

tres 3 *tres*

cuatro 4 *cuatro*

cinco 5 *cinco*

Escribe dos palabras, una en script y una en cursiva, que empiecen con la letra que está al principio. Fíjate en el ejemplo.

**A**

**Arcoiris** **Araña**

*Arcoiris* *Araña*

**B**

______________________

______________________

**C**

______________________

______________________

**D**

______________________

______________________

**E**

______________________

______________________

Escribe dos palabras, una en script y una en cursiva, que empiecen con la letra que está al principio.

H ____________________

____________________

I ____________________

____________________

J ____________________

____________________

L ____________________

____________________

M ____________________

____________________

Escribe dos palabras, una en script y una en cursiva, que empiecen con la letra que está al principio.

**O** ______________________________

______________________________

**P** ______________________________

______________________________

**R** ______________________________

______________________________

**S** ______________________________

______________________________

**V** ______________________________

______________________________

Completa la serie de letras siguiendo el orden del abecedario.

A, B, ___ , D.

H, I, J, ___ .

___, Q, R, S.

W, ___, Y, Z.

Completa la serie de letras siguiendo el orden del abecedario.

| | | | |
|---|---|---|---|
| a | | c | d |
| j | k | | m |
| | p | q | r |
| s | t | u | |

Completa la serie de letras siguiendo el orden del abecedario.

| | | | |
|---|---|---|---|
| a | b | c | |
| | f | g | h |
| m | | ñ | o |
| | s | t | u |
| w | x | y | |

Lee la historia, coloca las vocales donde hacen falta y colorea el dibujo.

L_ v_c_ d_ mi
p_dr_n_ c_m_
m_ch_ y p_r _s_
_s m_y gr_nd_.

Lee la historia, coloca las vocales donde hacen falta y colorea el dibujo.

L_ r_n_t_ _l_gr_
br_nc_ d_ r_m_
_n r_m_ p_r l_
m_ñ_n_.

Lee la historia, coloca las vocales donde hacen falta y colorea el dibujo.

_n _l p_rq_ _
v_v_ _n_ _rd_ll_t_
m_y tr_v_ _s_ y
j_g_ _t_n_.

Lee los enunciados y subraya los nombres de personas.

Sebastián corre muy veloz.

En la farmacia trabaja el primo de Guadalupe.

En el parque están jugando futbol Justino, Fernando y Carlos.

En el grupo de segundo están Fátima y su amiga Lulú.

Los papás de Carla son muy amigables con los vecinos.

La maestra Josefina es muy buena con sus alumnos.

Lee los enunciados y subraya los nombres de animales.

Al cuerpo de la tortuga lo protege el caparazón.

La serpiente es un animal que no tiene extremidades.

El cerdo tiene cuerpo grueso, cabeza grande y patas cortas.

El hipopótamo es de boca muy grande y orejas pequeñas.

El elefante es muy grande y pesa mucho.

Une con una línea la adivinanza con el dibujo correcto.

Habla y no tiene boca,
escucha y no puede oír,
siendo pequeño hace ruido
y a veces se equivoca.

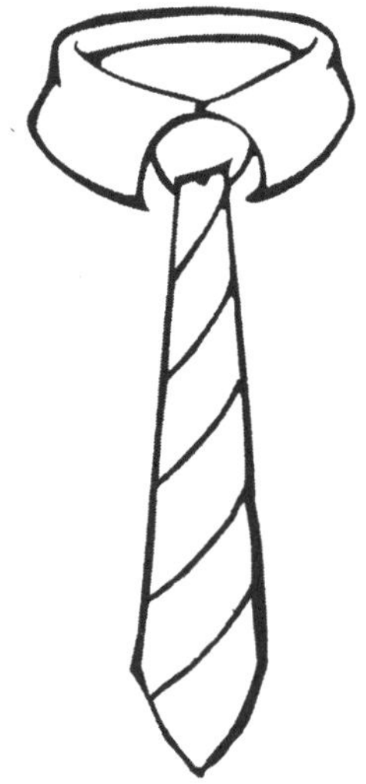

Blanco es,
la gallina lo pone,
en aceite se fríe
y con pan se come.

No es collar,
dije o dogal
ni medalla de
premiar,
pero colgada al
pescuezo
da elegancia sin
par.

Une con una línea la adivinanza con el dibujo correcto.

Blanca por dentro
verde por fuera,
si quieres que te
lo diga, espera.

En una larga
abertura,
tengo yo mi
dentadura,
y luego que
empiezo a
hablar,
todos mis
dientes
se mueven
sin poderlos
yo parar.

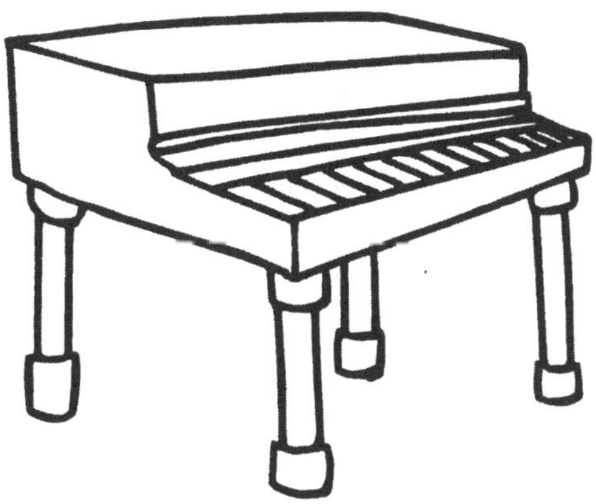

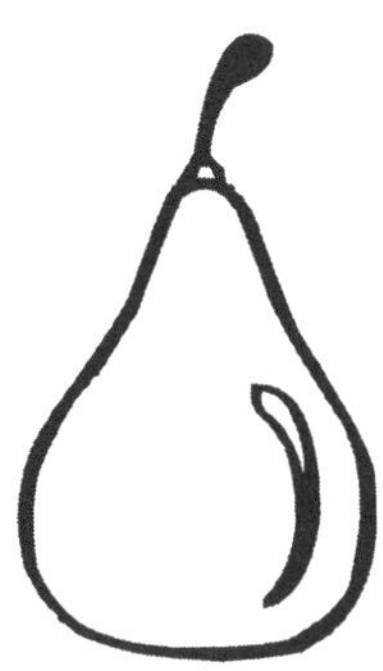

Helicóptero pequeño
parezco yo cuando vuelo,
con dos grandes ojos al frente
y el marco de un bello cielo.

Lee los enunciados y subraya los nombres de animales.

A mi conejo le gusta mucho comer zanahoria.

Los pajaritos cantan mucho por la mañana.

Óscar tiene muchos peces.

La gaviota tiene alas largas.

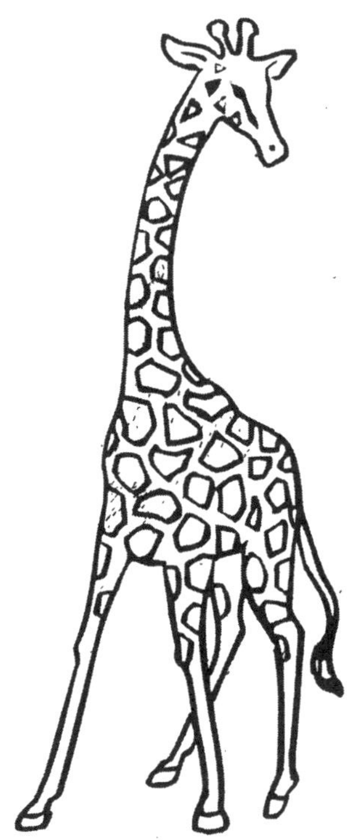

La jirafa es muy alta y delgada.

El animal consentido de mi hermana es el gato.

El tigre tiene pelo amarillo con rayas negras.

Lee los enunciados y subraya los nombres de personas.

El amigo de Juan que se llama Luis es muy grosero con su hermana.

En el salón de clases está Israel platicando con el maestro.

Sandra y yo asistiremos a un curso de verano.

A Pablo le gusta mucho comer frutas.

Sofía es bajita y usa lentes.

El jueves es cumpleaños de mi amiga Miriam.

Ordena las palabras y escribe correctamente la oración.

Luis son azules. Los carritos de

Los carritos de Luis son azules.

hizo gelatina Mi mamá de postre.

es de trapo. La muñeca de Cristina

anteojos para ver Karina usa mejor.

es muy alegre. La maestra Juanita

Ordena las palabras y escribe correctamente la oración.

protege del frío. El suéter me

vuela El avión muy alto.

A Fabiola helado de uva. le gusta el

son solitarias Las calles por la noche.

de madera El caballito es muy bonito.

Ordena las palabras y escribe correctamente la oración.

Muchos usan bigote. hombres

está cerrada La puerta con llave.

tiene El libro muchos dibujos.

es muy El columpio divertido.

hay trajineras. En Xochimilco

Escribe sobre la línea una oración que tenga relación con el dibujo y coloréalo.

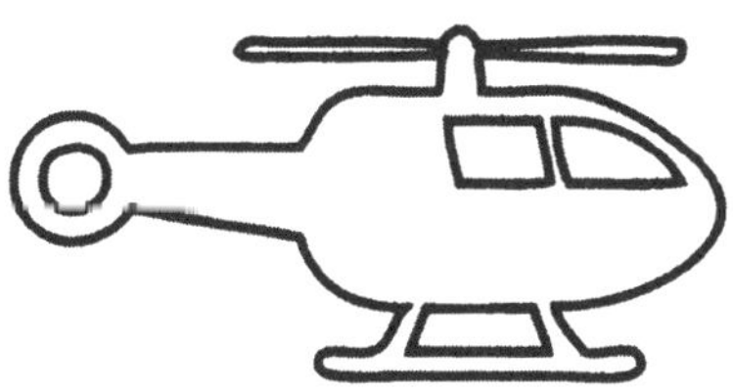

Escribe sobre la línea una oración que tenga relación con el dibujo y coloréalo.

___

___

___

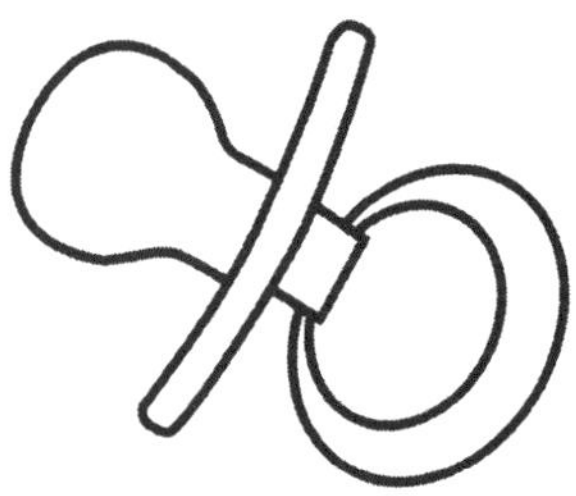

___

___

___

___

___

___

___

___

___

Escribe sobre la línea una oración que tenga relación con el dibujo y coloréalo.

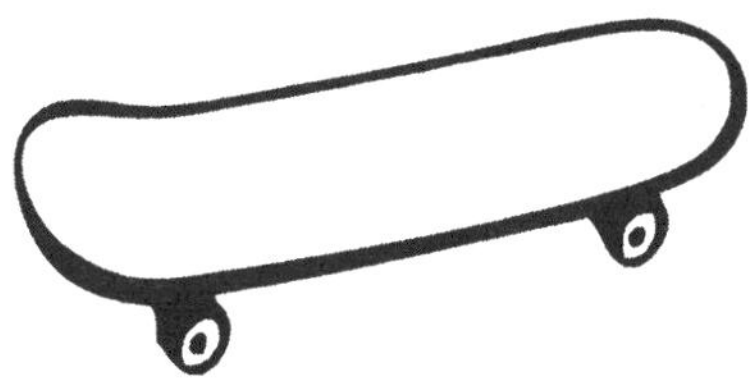

# La gatita del parque

En un parque vivía una gatita muy juguetona que se divertía corriendo y saltando por doquier. Un día pensó que si tuviera algunos amigos para jugar se divertiría aún más. De pronto vio a dos gatitas que pasaban caminando a las afueras del parque. Corrió a invitarlas a jugar con ella. Al principio las dos gatitas dudaron, pero cuando vieron que el parque se veía seguro aceptaron la invitación y se hicieron amigas para siempre.

Escribe lo que hayas entendido del cuento.

## Las galletas de Susana

Susana es una niña muy estudiosa y bien portada, por lo que su abuelita la premia haciéndole sus galletas favoritas.
Un día Susana llevó de esas galletas a su escuela para compartir con sus amigas y su maestra, y a todas ellas les encantaron las galletas de la abuelita.
Los fines de semana que va a casa de su abuelita, las dos pasan tiempo en la cocina horneando galletas para que pueda llevar algunas al salón de clase para compartir.

Contesta las preguntas relacionadas con el cuento.

¿Cómo es Susana?

___

¿Cómo la premia su abuelita?

___

¿Qué llevó Susana a la escuela?

___

¿Con quién compartió las galletas?

___

¿Cuándo lleva galletas para compartir?

___

Escribe tu propio cuento y dibújalo en la siguiente página.

# El osito travieso

En un bosque muy bello vivía mamá osa y su osito. El osito era muy travieso y le gustaba esconderse de su mamá.

Un día, se alejó tanto que no lograba regresar a casa. Mamá osa siempre lo tenía a la vista y ella sí sabía dónde estaba escondido pero dejó que siguiera jugando. Cuando la mamá fue por él, el osito se puso muy feliz por que ya estaba asustado y prometió no volverse a esconder muy lejos.

Escribe lo que hayas entendido del cuento.

# El diente de Guillermo

Un niño llamado Guillermo tenía dolor en uno de sus dientes. Él se lo dijo a su mamá y ella lo llevó con el dentista.

El dentista les dijo que el niño tenía caries en varios dientes y eso era por comer muchos dulces y no lavarse los dientes tres veces al día. Su mamá habló con él y desde ese día Guillermo disminuyó la cantidad de dulces que comía y se empezó a cepillar los dientes como debía. Ahora Guillermo tiene una boca muy saludable.

Contesta las preguntas relacionadas con el cuento.

¿Qué le dolía a Guillermo?

______________________________

¿A dónde lo llevó su mamá?

______________________________

¿Qué le dijo el dentista a la mamá?

______________________________

¿Porqué tenía caries Guillermo?

______________________________

______________________________

¿Qué hizo Guillermo para tener una boca saludable?

______________________________

Escribe tu propio cuento y dibújalo en la siguiente página.

Ordena las letras para formar las palabras y colorea los dibujos.

lóen panlat valoc

lasil taye jolre

Ordena las letras para formar las palabras y colorea los dibujos.

brilo

____________

etelo

____________

para

____________

ñipa

____________

rarja

____________

doda

____________

Encuentra y colorea las letras con los nombres de las frutas que están dentro de la sopa de letra.

**DURAZNO, FRESA, GUAYABA, MANZANA, MELÓN, NARANJA, PERA, PLÁTANO, SANDÍA.**

| W | X | A | F | E | A | V | E | E | O | U | U | X |
|---|---|---|---|---|---|---|---|---|---|---|---|---|
| R | R | N | T | L | C | W | G | H | U | X | S | B |
| B | Q | A | S | A | N | D | I | A | G | T | S | D |
| A | P | Z | M | P | K | P | J | K | W | T | M | R |
| S | N | N | P | E | Q | G | U | A | Y | A | B | A |
| E | B | A | Z | P | L | S | V | A | T | T | P | G |
| R | N | M | I | M | B | O | B | D | E | W | L | P |
| F | V | O | L | O | B | N | N | V | S | V | L | X |
| N | A | R | A | N | J | A | D | Y | A | A | S | R |
| L | I | U | R | A | R | E | P | Z | T | G | L | S |
| C | L | N | V | A | H | Q | R | A | B | T | U | Z |
| O | N | Z | A | R | U | D | N | J | K | Y | E | W |
| W | G | O | C | F | E | O | G | A | X | A | U | G |

## Diviértete repitiendo estos trabalenguas.

Si le hecho leche al café
para hacer café con leche,
para hacer leche con café,
¿qué hace falta que le eche?

---

Erre con erre, guitarra,
erre con erre, carril.
Rápido ruedan los carros,
rápido es el ferrocarril.

---

Paca se llama la Vaca,
una Vaca es Paca,
a Paca la Vaca le duele mucho la pata.

---

Pepe Pecas pica papas con un pico,
con un pico pica papas Pepe Pecas.
Si Pepe Pecas pica papas con un pico,
¿dónde está el pico con que Pepe Pecas pica papas?

Diviértete repitiendo estos trabalenguas.

Por la carretera pasaba un perrito,
pasó la carretera y un auto le pisó el rabito.
Pobre lindo y triste perrito,
cómo lloraba por su rabito.

◈ ◈ ◈ ◈ ◈

Duraznos almorcé,
duraznos cené,
con tantos duraznos me enduraznaré.

◈ ◈ ◈ ◈ ◈

El amor es una locura
que sólo el cura lo cura,
pero el cura que lo cura
comete una gran locura.

◈ ◈ ◈ ◈ ◈

Cuando cuentes cuentos,
cuenta cuántos cuentos cuentas,
porque si no cuentas cuántos cuentos cuentas
nunca sabrás cuántos cuentos cuentas tú.